BEI GRIN MACHT SICH IHR WISSEN BEZAHLT

D1807853

- Wir veröffentlichen Ihre Hausarbeit,
  Bachelor- und Masterarbeit

- Ihr eigenes eBook und Buch -
  weltweit in allen wichtigen Shops

- Verdienen Sie an jedem Verkauf

Jetzt bei www.GRIN.com hochladen
und kostenlos publizieren

Bibliografische Information der Deutschen Nationalbibliothek:

Die Deutsche Bibliothek verzeichnet diese Publikation in der Deutschen National-
bibliografie; detaillierte bibliografische Daten sind im Internet über http://dnb.d-
nb.de/ abrufbar.

Impressum:

Copyright © 2002 GRIN Verlag, Open Publishing GmbH
Druck und Bindung: Books on Demand GmbH, Norderstedt Germany
ISBN: 9783656447030

Dieses Buch bei GRIN:

http://www.grin.com/de/e-book/5742/psycho-von-alfred-hitchcock-wie-beim-
zuschauer-durch-filmische-mittel

Andre Feldmann

"Psycho" von Alfred Hitchcock. Wie beim Zuschauer durch filmische Mittel Angst, Schrecken und Schockerlebnisse erzeugt werden

GRIN Verlag

GRIN - Your knowledge has value

Der GRIN Verlag publiziert seit 1998 wissenschaftliche Arbeiten von Studenten, Hochschullehrern und anderen Akademikern als eBook und gedrucktes Buch. Die Verlagswebsite www.grin.com ist die ideale Plattform zur Veröffentlichung von Hausarbeiten, Abschlussarbeiten, wissenschaftlichen Aufsätzen, Dissertationen und Fachbüchern.

Besuchen Sie uns im Internet:

http://www.grin.com/

http://www.facebook.com/grincom

http://www.twitter.com/grin_com

"Wie in Alfred Hitchcocks *Psycho* durch filmische Mittel Angst, Schrecken und Schockerlebnisse beim Zuschauer erzeugt werden."

Hausarbeit für das Seminar
"Einführung in die Medienwissenschaften"

Vorgelegt von
Andre Feldmann

WS 2001/02

Inhaltsverzeichnis

1. Einleitung

Psycho, einer der berühmtesten filmischen Meisterwerke Alfred Hitchcocks, entstand 1960 in Amerika als sein letzter Paramount-Film mit Produktionskosten von nur 800.000 Dollar. Dieser Thriller wurde zu „Hitchcocks größtem Erfolg bei der Kritik und an der Kinokasse".[1] Was diesen Film zu einem Klassiker hat werden lassen, war die Kunst, die Emotionen des Publikums zu manipulieren. Jede einzelne Einstellung und jeder Schnitt ist zuvor von Hitchcock wohlüberlegt worden, um, wie er in einem Interview erläutert hat, die Rezipienten seiner Filme mit „wohltätigen Schocks (zu) füttern".[2]

Die folgende Arbeit untersucht wie Hitchcock durch Montagetechnik, Musik, Beleuchtung, Einstellungsgröße und –länge den Zuschauer in seiner Gefühlswahrnehmung beeinflusst. Dabei soll herausgestellt werden, wie diese filmischen Mittel zu Angst oder Schockerlebnissen beim Betrachter des Thrillers führen.

In einem ersten Kapitel werde ich in wenigen Sätzen den Inhalt von *Psycho* wiedergeben, um den eigentlichen Gegenstand der Analyse begreifbar zu machen.

Anschließend erfolgt in einem zweiten Kapitel eine knappe Erläuterung von wesentlichen Begriffen wie „Suspense", einem Mittel zur Spannungserzeugung, und „schwarzer Fleck", die als typische Charakteristika der Filme Alfred Hitchcocks gelten. Mehrere Autoren, sei es von Fachliteratur, Zeitschriften oder Internetseiten, die sich mit seinen Werken eingehend befasst haben, geben ihm den Titel „Master of Suspense".[3] Es kann hierbei nicht sehr tief auf die Begriffe Suspense und „Fleck" eingegangen werden, da dieses im Rahmen einer Hausarbeit nicht zu bearbeiten wäre.[4]

Im darauf folgenden Kapitel werden zwei Sequenzen aus *Psycho* analysiert und es soll hierbei die Wirkung der filmischen Mittel in bezug auf Angst, Schrecken und die daraus resultierende Steigerung bis hin zum Gefühlsschock beim Zuschauer näher untersucht werden. Schließlich ist es Absicht eines Thrillers durch die Verwendung von Spannungseffekten beim Zuschauer Emotionen des Bangens auszulösen.[5]

In einem letzten Kapitel werden die zuvor ermittelten Untersuchungsergebnisse des Verhältnisses zwischen Filmtechnik und Emotionslage der Zuschauer in wenigen Sätzen komprimiert dargestellt.

---

[1] Harris/Lasky, *Alfred Hitchcock und seine Filme* 24.
[2] Ebd. 225.
[3] Humphries, *The Films of Alfred Hitchcock* 33.
[4] Eine detaillierte Analyse des Suspense nimmt Kerstin Droese in ihrem Werk *Thrill und Suspense in den Filmen Alfred Hitchcocks* vor (Coppengrave 1995:Coppi-Verlag)
[5] „Thriller (Film)" aus Microsoft® Encarta® Enzyklopädie 2000.

2. Kurze Inhaltswiedergabe des Thrillers *Psycho*

Marion Crane (Janet Leigh), eine Sekretärin aus Phoenix, und Sam Loomis (John Gavin) möchten heiraten, was jedoch aufgrund Sams finanzielle Lage nicht möglich ist. Als Marions Chef sie bittet, 40.000 Dollar zur Bank zu bringen, stiehlt Marion das Geld und verlässt die Stadt. Nachts steigt Marion in dem kaum besuchten Motel von Norman Bates (Anthony Perkins) ab. Bei einer Unterredung der beiden, erzählt Norman, dass er zusammen mit seiner Mutter, einer kranken und offenbar eigenwilligen Frau, in dem Haus lebt. Als sich Marion unter die Dusche begibt, taucht jemand auf, den wir anfangs für die geistesgestörte Mutter von Norman halten, und ersticht die wehrlose Sekretärin aus Phoenix. Kurz darauf entdeckt Norman die Tat „seiner Mutter" und tilgt alle Spuren des Mordes. Marion wird von ihm in einem Sumpfloch mitsamt den 40.000 Dollar versenkt. Als ihre Schwester Lila (Vera Miles) Marion nicht erreichen kann, geht sie zu Sam, um ihn um seine Hilfe zu bitten. Auch der Privatdetektiv Milton Arbogast (Martin Balsam) ist auf der Suche nach Marion, um das unterschlagene Geld wiederzuschaffen. Norman erweckt Arbogasts Misstrauen, als er sich weigert, ihn zu seiner Mutter zu bringen. Er berichtet Sam und Lila von seinem Verdacht und begibt sich zu der Villa der Bates', um Normans Mutter zu befragen. In dem Haus wird er von Mrs. Bates, wie es den Anschein hat, angegriffen und tödlich verwundet. Da sich Arbogast nicht mehr bei Sam und Lila meldet und sie von Sheriff Chambers (John McIntire) erfahren, dass Normans Mutter seit Jahren tot ist, machen auch sie sich auf zu Bates Motel, um Hinweise auf den Verbleib Marions zu erhalten. Während Sam Norman ablenkt, durchsucht Lila die Villa und findet dort im Keller Mrs. Bates als mumifiziertes Gerippe. Es erweist sich, dass Norman unter Schizophrenie leidet und zu einem pathologischen Mörder wird, wenn er sich mit seiner Mutter identifiziert.

3. Typische Elemente in Filmen von Hitchcock

Sobald sich jemand näher mit den Filmen Alfred Joseph Hitchcocks (1899-1980) und seiner Person befasst, stößt er unweigerlich auf die herausragenden und für die nachfolgende Filmwelt meist prägenden Ideen und Techniken des britischen Regisseurs. Sein Name ist Synonym für Spannungsqualität, die oftmals durch den Einsatz der subjektiven Kamera und einem wesentlichen Element der Spannungs- und Angsterzeugung, dem Suspense, erzielt wird.[6] Des weiteren taucht im Zusammenhang verschiedener Analysen zu den Filmen Hitchcocks der Begriff des „Flecks" auf. Insbesondere Slavoj Zizek beschreibt in seinen Werken „das mysteriöse Detail, das hervorsteht"[7] anhand diverser Filmsequenzen. Diese Begriffe sollen im folgenden kurz und prägnant erläutert werden.

3.1. Suspense

Ein konstantes Stilmerkmal in *Psycho* ist der Suspense. Nach Hitchcocks Definition ist Suspense das genaue Gegenteil von Surprise (engl. für Überraschung). Bei letzterem geschieht etwas, womit der Zuschauer nicht gerechnet hat, bei Suspense (engl. für Spannung, Anspannung) dagegen weiß der Betrachter des Films, dass etwas passieren wird.[8] Suspense entsteht demnach, wenn wir als Zuschauer mehr wissen als die Person auf der Leinwand. Die Bedrohung des Helden im Thriller, der das Identifikationsangebot für den Zuschauer darstellt, wird dem Publikum bereits im Voraus angedeutet. Die Rezipienten ahnen die Gefahr für den Protagonisten und haben Angst um ihn. Gleichermaßen hofft der Betrachter, dass seine Identifikationsfigur die bedrohende Situation unbeschadet überstehen wird. Da der Suspense die Gefühle der Sympathie oder Antipathie für die Personen überwinden kann, bangen wir nicht nur mit unseren Helden, sondern auch mit den Antagonisten. Die Zuschauer befinden sich in diesem Zeitraum „in einem Schwebezustand zwischen Grundemotionen der Hoffnung und Angst".[9] Bei Untersuchungen an Probanden, die sich einen Suspense-Thriller anschauten, ist festgestellt worden, dass sie während diesem sogenannten Schwebezustand sowie bei der darauf folgenden Spannungsauflösung einer Filmsequenz „ein Maximum an kardialen, respiratorischen, elektrodermalen und verbalen Reaktionen zeigten".[10] Dies macht deutlich, dass der Suspense physische und psychische Reaktionen beim Zuschauer

---

[6] Vgl. Droese, *Thrill und Suspense in den Filmen A. Hitchcocks* 3.
[7] Zizek, *Ein Triumph des Blicks über das Auge* 57
[8] Verfasser unbek. : „Alfred Hitchcock" *wikipedia* 8.3.2002
<http://www.wikipedia.com/wiki/Alfred+Hitchcock.htm>.
[9] Droese, *Thrill und Suspense in den Filmen A. Hitchcocks* 7
[10] Verfasser unbek. : „Suspense - Prozeßbegleitende Untersuchung eines „spannenden" Rezeptionsphänomens" *Suspense* 8.3.2002 <http://www.univie.ac.at/lifem/susp2.htm>

hervorruft. Hitchcock fasst daher den Suspense folgendermaßen zusammen: „Suspense ist die Kunst, mit der Erwartung des Publikums zu spielen."[11]

3.2. Der „Fleck"

Der sogenannte „Fleck" ist laut Zizek ein grundlegender Bestandteil des Hitchcockschen Universums.[12] Ein solcher Fleck, der oftmals auch als „Ding" bezeichnet wird, lässt sich vom Zuschauer nicht oder nur sehr schwer in die filmische Realität einfügen. Er macht uns darauf aufmerksam, dass irgendetwas nicht stimmt. Ein Beispiel hierfür ist in *Psycho* der Schatten, der im Badezimmer auftaucht, als Marion ahnungslos unter der Dusche steht. Wir erahnen die Bedrohung, die von diesem Fleck ausgeht und wünschen uns, dass dieser wieder verschwinden möge. Der Fleck taucht als Fremdkörper auf, „als anti-natürliches Element im natürlichen Feld des Sehens".[13] Zizek spricht von Perversion, wenn der Zuschauer sich aufgrund von Kameraeinstellung und Montage mit dem „Ding" identifizieren muss.[14] Beispiele hierzu werde ich in den Kapiteln 4.1 und 4.2 erläutern.

4. Analyse ausgewählter Filmsequenzen

Die erste Sequenz, die ich analysieren werde, ist die Duschmordszene, welche den Thriller *Psycho* zu einem unvergesslichen Filmklassiker hat werden lassen. Der Akt dieses Mordes ist zerstückelt in eine Vielzahl fragmentierter Naheinstellungen, die in einem frenetischen Rhythmus aufeinander folgen.

Die Sequenzanalyse von Milton Arbogasts Mord wird in Kapitel 4.2 behandelt. Obwohl der Betrachter des Films mit diesem Mord innerlich gerechnet hat -denn er weiß im Gegensatz zu Arbogast, dass „Mutter" eine Mörderin ist und sich in der Villa aufhält (=Suspense)- ist er von dem tatsächlichen Eintreten seiner Vermutung geschockt, da er stets gehofft hat, dass Arbogast die Hausdurchsuchung unbeschadet übersteht.

---

[11] Harris/Lasky, *Alfred Hitchcock und seine Filme* 13.
[12] Vgl. Zizek, *Ein Triumph des Blicks über das Auge* 57
[13] Ebd. 135.
[14] Ebd. 256.

4.1. Der Mord Marions unter der Dusche

Hitchcock hat in einem Interview einmal zugegeben, dass das einzige was ihn dazu gebracht hat, den Film *Psycho* zu drehen, der unerwartete Mord an der Protagonistin war.[15]

Ich beginne diese Sequenzanalyse mit der Einstellung, in der Marion, gespielt von Janet Leigh, sich unter die Dusche begibt. Wir sehen in einer Detailaufnahme Marions Beine, die die Duschwanne betreten. Der Rest des Körpers ist nicht zu sehen. Es folgt nun eine halbnahe Seitenansicht Marions; dabei sind nur Umrisse ihres Körpers zu erkennen, da der Duschvorhang eine detailliertere Ansicht verhindert. In einer Porträteinstellung wird uns nun gezeigt, wie sie das Wasser anstellt. Marion schließt ihre Augen und scheint es somit zu genießen, wie der Wasserstrahl auf ihr Gesicht trifft. In der darauf folgenden subjektiven Detaileinstellung sehen wir den Duschkopf von unten aus ihrer Sicht. Hitchcock wählt während dieser Sequenz bewusst des öfteren die subjektive Kameraeinstellung, da sie dem Zuschauer eine Nähe zur dargestellten Figur suggeriert und ihn in die Handlung mit einbezieht. Das nächste Bild zeigt erneut Marion in einer Porträteinstellung. In der kurz darauf folgenden Seitenansicht sehen wir, wie unsere Identifikationsfigur sich gründlich ihre Arme und ihren Hals wäscht. Nachdem wir in einer Detailaufnahme seitlich auf den Brausekopf blicken, zeigt uns eine Halbnahe Marions rechte Körperseite; im Hintergrund befindet sich der Duschvorhang. Die Kamera wechselt nun zu einer leichten Obersicht. Der Zuschauer kann sich durch diesen establishing shot leichter einen Überblick über die Situation und den Handlungsort machen. Marion befindet sich rechts im Bild. Ihre Augen sind geschlossen während sie sich den Hals wäscht. Im Hintergrund sehen wir den Duschvorhang. Durch diesen erkennt man, dass sich die Tür des Badezimmers öffnet und jemand den Raum betritt. Da all dieses hinter Marion geschieht, während sie mit dem Gesicht zur Wand steht, wissen wir als Zuschauer mehr als unsere Identifikationsfigur. Somit bringt Hitchcock Suspense in die Filmhandlung mit ein. Wir erahnen nun, dass Marion sich anscheinend in Gefahr befindet und wünschen uns, in die Situation einzugreifen, „um den Helden vor der ihm drohenden Gefahr zu warnen".[16]

Die Kamera schwenkt leicht zur Seite, so dass Marion aus dem Bild verschwindet und unsere Aufmerksamkeit sich ganz dem „Fleck", diesem unheilstiftenden Detail, zuwendet,

---

[15] Vgl. Truffaut, *Mr. Hitchcock, wie haben Sie das gemacht?* 263
[16] Droese, *Thrill und Suspense in den Filmen A. Hitchcocks* 32

der sich mehr und mehr ins Bild schiebt.[17] Umrisse des Oberkörpers und des Kopfes von diesem „Ding" sind zu erkennen. Die uns unbekannte Person reißt den Duschvorhang zur Seite und obwohl dieser nun nicht mehr die direkte Ansicht des Angreifers verhindert, kann der Zuschauer dennoch nicht erkennen, wer Marion angreift. Starkes Gegenlicht lässt nur einen Schatten des Kopfes erkennen. In dem Moment, wo der Duschvorhang weggezogen wird, setzen kurze helle Geigenakkorde aus dem Off ein. Die grellen Staccato- Töne unterstreichen unsere Angstempfindung bezüglich Marion. Wir sehen ein Messer in der Hand des Angreifers und haben die Sorge, dass die unbekannte Person uns unsere Protagonistin nimmt.

Die nächste Einstellung zeigt uns Marion in einer Halbnahen, die sich sichtlich erschrocken umdreht und zu schreien beginnt. Anschließend ist in einer Detailaufnahme ihr weit geöffneter Mund zu sehen, begleitet von einem lauten Schrei. Es folgt ein Wechsel zur Naheinstellung, welche uns aus der subjektiven Sicht Marions den oberen Teil des Angreifers zeigt. Eine leichte Untersicht macht uns die Überlegenheit der unbekannten Person gegenüber Marion deutlich. In einer Halbnahen schauen wir auf Marion und erblicken ein Messer, das vom oberen Bildausschnitt nach unten Richtung Marion gleitet, gefolgt von einer Naheinstellung des Mörders. Deutlich sieht der Rezipient ein großes Messer in der Hand des Angreifers, erhoben zum nächsten Einstich. Der Angriff auf Marion wird dadurch, dass wir uns mit ihr identifizieren, als ein Angriff auf uns selbst angesehen. In einer Detailaufnahme schauen wir nun auf ihre rechte Körperseite. Es ist zu erkennen wie sie versucht den Arm des Unbekannten abzuwehren. Gleiches sehen wir kurz darauf aus einer Obersicht. Die anschließende Einstellung zeigt uns Marion in einer Großaufnahme und wir erkennen, wie sie ihren Kopf in der ausweglosen Situation hin und her wendet. Diese Kameraeinstellung stellt nach Zizek eine Perversion dar, da uns hier die „subjektive Sicht des Mörders (der Mörderin?), des unmöglichen Blicks des *Dings*" aufgedrängt wird.[18] Der subjektiven Einstellung folgt eine objektive von dem Geschehen. Marion fasst an den Arm ihres Angreifers, wobei links im Bild die bedrohend wirkende Messerspitze zu sehen ist. Das Messer gleitet nach vorne zu Marions Oberkörper. Obwohl in Slow-Motion deutlich zu erkennen ist, dass das Messer etwa 20cm vor ihrem Oberkörper zurückgezogen wird, hat der Zuschauer das Gefühl, dass das Messer in Marions Körper einsticht. Dieses erreicht Hitchcock zum einen durch die rasante

---

[17] Vgl. Zizek, *Ein Triumph des Blicks über das Auge* 135
[18] Ebd. 256

Schnittfolge, die „die Bedrohung bzw. Gewalt für den Helden deutlich zum Ausdruck bringt", zum anderen durch die Musikuntermalung.[19] Gleiches gilt für die nächsten Einstellungen, in denen der Angreifer immer wieder auf die Sympathiefigur des Rezipienten einsticht. Grelle, kreischende „Geigen-Glissandi, das das Zustechen akustisch umsetzen, vermischen sich mit den Schreien Marions".[20] Hitchcock selbst gab in einem Interview zu, dass die Begleitmusik diese Szene entscheidend stärker machte.[21] Hier setzt er das sog. „Mickeymousing" ein, d.h. eine auf Sekundenbruchteile exakt kalkulierte Synchronität zwischen Musik und Bild und deren lautmalerische Nachzeichnung.[22]

Im folgenden wiederholen sich die Kameraperspektiven von den Einstellungen zuvor: Wir sehen Marion, wie sie ihren Kopf zur Seite dreht und aus einer Subjektiven den Kopf ihres Mörders mit erhobenem Messer in der rechten Hand. Hier machen starkes Gegenlicht sowie der Wasserstrahl der Dusche das Erkennen ihres Angreifers unmöglich. Mit der subjektiven Einstellung lässt Hitchcock uns eine tiefere Sympathie für Marion empfinden und wir haben gleichzeitig das Gefühl, als befänden wir uns mitten im Geschehen.[23] Die Sympathie für eine Person wiederum ist wichtig für Schockeffekte, die beim Zuschauer erzeugt werden sollen.[24] Nach diesen Halbnahen schauen wir in einer Detaileinstellung auf Marions Bauch. Rechts oben im Bild erscheint das Messer, das sich zur Bildmitte bewegt. Dieses dringt jedoch nicht in sie ein. Obwohl Hitchcock ein künstlicher Körper zur Verfügung stand, aus dem Blut spritzte, wenn man dort hineinsticht, verzichtete er darauf, um diese Szene durch die Aneinanderreihung einzelner Naheinstellungen aufregender zu gestalten.[25]

In der nun folgenden Nahaufnahme von Marions Kopf, wird dem Zuschauer, wie schon einige Einstellungen zuvor, die perverse Subjektive des Mörders aufgedrängt. Obwohl der Zuschauer sich mit Marion identifiziert, sieht er nun mit den Augen des Antagonisten wie Marion wehrlos ihren Kopf zur Seite dreht. Sie befindet sich in der Duschkabine wie in einer Zelle, aus der sie nicht fliehen kann. In einer solchen Bedrohungssituation „empfinden die Rezipienten große Angst um ihren Helden, der stellvertretend für sie die

---

[19] Droese, *Thrill und Suspense in den Filmen A. Hitchcocks* 69
[20] Rieger, *Alfred Hitchcock und die Musik* 197
[21] Vgl. Spoto, *Alfred Hitchcock*
[22] Vgl. Bullerjahn, *Grundlagen der Wirkung von Filmmusik* 78/79
[23] Vgl. Salje, *Hitchcock – Regieanalyse* 230
[24] Vgl. Droese, *Thrill und Suspense in den Filmen A. Hitchcocks* 29
[25] Vgl. Phillips, *Alfred Hitchcock* 162

Gefahren durchlebt".[26] Hitchcock weiß genau was der Zuschauer zu diesem Zeitpunkt denkt und fühlt:

> „Egal wie schlimm es kommen mag, Janet Leigh wird auf jeden Fall nichts passieren, sonst wäre ja der Film zu Ende, denn sie ist schließlich die Heldin und der Star. Indem er (Hitchcock, Anm. A.F.) sie töten läßt, zerstört er unser Vertrauen, auf das, was uns gesichert erscheint."[27]

In der folgenden Aufnahme sehen wir eine Ecke der Badezimmerdecke und die Stange, an welcher der Duschvorhang befestigt ist. Rechts im Bild befindet sich der „Fleck", die Messerspitze, die förmlich ins Filmbild sticht. Der Zuschauer empfindet dies als einen gewalttätigen Angriff gegen die Kamera. Die Leinwand fängt diesen zwar ab, dennoch „ist seine Wucht ... deutlich zu spüren".[28] Des weiteren stellen kurze, schnelle und hastig ausgeführte Bewegungen im visuellen Bereich potentielle Gefahrensignale für den Rezipienten dar. Das Schockmoment wird durch sehr nah an der Kamera vorbeigeführte Objekte erreicht.[29]

Nach einer Detaileinstellung von Marions rechter Seite und ihrem Arm sehen wir erst ihren Kopf in einer Nahaufnahme, anschließend ihre Beine und den Boden der Duschwanne. Deutlich ist zu erkennen wie Blut ins Wasser tropft. Somit soll den Zuschauern allmählich bewusst werden, womit sie zwar bereits gerechnet haben, es jedoch nicht akzeptieren wollten, nämlich dass sie ihre Identifikationsfigur verlieren werden. Das Resultat hieraus ist eine Steigerung der Schreckensgefühle beim Betrachter des Films. Dieses wird zudem durch die Mimik von Marion verstärkt: In einer Naheinstellung sehen wir ihr förmlich Angst und Schrecken an. Ihr Gesicht scheint verkrampft zu sein. Das empfindet nahezu jeder Rezipient, da bei der Mimik per definitionem eine interindividuelle und kulturübergreifende Übereinstimmung hinsichtlich des Ausdrucksverhaltens bei Angst und anderen Gefühlen besteht.[30] Unterstrichen wird dieses Angstgefühl durch die konnotative Funktion der begleitenden Filmmusik Bernard Herrmanns, welche die Stimmungslage des Zuschauers untermalt.[31] Die Großaufnahme eines Gesichts, verbunden mit einem Musikeinsatz, wird als emotionale Befindlichkeit dieser Person interpretiert.[32] Dass Marion den Angriff definitiv nicht überleben wird, verdeutlichen uns zum einen die

---

[26] Droese, *Thrill und Suspense in den Filmen A. Hitchcocks* 18
[27] Harris/Lasky, *Alfred Hitchcock und seine Filme* 225
[28] Droese, *Thrill und Suspense in den Filmen A. Hitchcocks* 30
[29] Vgl. ebd. 27/28
[30] Vgl. „Mimik", Microsoft® Encarta® Enzyklopädie 2000
[31] Vgl. Bullerjahn, *Grundlagen der Wirkung von Filmmusik* 64
[32] Vgl. ebd. 200/201

Detaileinstellung Marions rechter Hand, die sie hilfesuchend der Kamera und somit zu uns entgegenstreckt, zum anderen ein Wechsel der Tonlage der Streicher. Die grellen, kreischenden Staccatotöne der Geigen werden hier durch tiefe lange Basstöne abgelöst. Kurz darauf sehen wir in einer Halbnahen wie der Angreifer das Badezimmer verlässt. Bei dieser Rückansicht auf die Person, die einen Bademantel trägt, erkennt man eine weibliche Frisur. Dieses lässt den Zuschauer vermuten, dass Mrs. Bates Marion erstochen hat.

Es folgt eine Detaileinstellung von Marions rechter Hand, die versucht, sich an der Wand festzuhalten. Doch ihr gelingt es nicht. Parallel zum ihrem Hinuntersinken in der Dusche, welches durch Detail-, Nah- und Halbnaheinstellung ihrer verkrampften Hand, des Armes oder ihres Oberkörpers gezeigt wird, „überspringen die Geigen fünf Oktaven nach unten und landen in den tiefsten Regionen".[33] Marion versucht zwar noch, sich am Duschvorhang festzuhalten, doch der gibt nach. Dieses wird uns in einer Detaileinstellung der Haken gezeigt, mit dem der Vorhang befestigt ist; nach und nach löst sich der Duschvorhang von den Klammern, so wie wir uns nun von unserer Identifikationsfigur lösen müssen. Hier verstummen nun die dunklen Streicher, nur das Plätschern des Wassers ist zu hören. Während Marion im folgenden von links ins Bild aus der Dusche auf den Badezimmerboden fällt, stürzen wir mit ihr: Es stellt sich ein Gefühlsschock beim Rezipienten ein. Er verliert seine Heldin und ihm wird somit förmlich der Boden unter den Füßen weggezogen. Hitchcock selbst sagt zu dem frühen Tod Marions nach einem Drittel des Films, dass er dies absichtlich getan habe; somit käme der Tod noch unerwarteter.[34]

Nach dem Sturz Marions blicken wir wie zu Beginn dieser Szene aus einer Untersicht auf den Duschkopf, aus dem immer noch das Wasser strömt, welches das Blut, das in der nächsten Naheinstellung von Marions Beinen, die im Gegensatz zu ihrem Oberkörper noch in der Dusche liegen, langsam Richtung Abfluss schwämmt. Die Kamera schwenkt nun langsam auf den Siphon und zoomt, bis in einer Detailaufnahme zu sehen ist, wie das blutgefärbte Wasser dort verschwindet. Es folgt eine langsame Überblendung zu einer Detaileinstellung von Marions rechtem Auge, welches starr und tot aussieht. Dieser erstarrte Blick suggeriert „die Nähe des Todes und ... bringt dem Zuschauer seine eigene Verletzbarkeit nahe".[35]

Die Sequenz endet mit einer seitlichen Detaileinstellung des Duschkopfes und der anschließenden Großaufnahme von Marions Gesicht. Die Kamera fährt aus dem Bad

---

[33] Rieger, *Alfred Hitchcock und die Musik* 197
[34] Vgl. Beier/Seeßlen, *Alfred Hitchcock* 403
[35] Droese, *Thrill und Suspense in den Filmen A. Hitchcocks* 30

hinaus und schwenkt zu dem Tisch auf dem die 40.000 Dollar liegen, die Marion unterschlagen hat. Somit hat der Zuschauer für sein Vergehen, der Identifikation mit Marion, zu büßen. Er hat mit ihr, einer Kriminellen, gefühlt und gehofft, dass sie nicht gefasst und verhaftet wird, obwohl sie eine beträchtliche Summe gestohlen hat. Nun wird er durch einen Schockzustand, der durch den plötzlich eintretenden Verlust seiner Identifikationsfigur hervorgerufen wird, bestraft.

4.2. Arbogasts Mord in der Villa

Diese Sequenz beginnt mit der 70. Minute des Films. Der Privatdetektiv Milton Arbogast (Martin Balsam), sucht in Bates Motel nach Norman. Da er diesen nicht in seinem Büro findet, macht er sich auf zu der Villa, in der Norman angeblich mit seiner kranken Mutter lebt. Hitchcock beginnt diese Szene mit einem establishing shot; in einer Totalen sehen wir Mr. Arbogast, der sich die Treppen hinauf zu der altgotischen Villa begibt. Diese wird wie einige Male schon zuvor in einer Untersicht gezeigt. Starke vertikale Linien, viel Schatten und wenig Licht bestimmen das Bild. Doch nicht nur dieses lässt das Haus unheimlich wirken, sondern vor allem unser Vorwissen. Der Zuschauer hat die Villa, die auf einem Hügel steht, bereits mehrere Male zuvor gesehen, meist aus der subjektiven Sicht Marions. Auch bei diesen Einstellungen war das Haus der Bates kaum beleuchtet. Wir haben ein Gespräch mit Norman und seiner Mutter mitbekommen, die uns dabei sehr streng und dominant erschien. Doch was die Villa hauptsächlich zu einem angstbesetzten Objekt hat werden lassen, war die Duschmordszene. Hier haben wir anscheinend Mrs. Bates erkannt, wie sie Marion brutal niedergestochen hat. Und diese rücksichtslose Mörderin wohnt in dem dunklen Haus. Die Villa ist somit für den Zuschauer angstbesetzt und solche „erlernten Ängste" sind nur schwer aus unserem Bewusstsein zu löschen.[36] Durch diesen Wissensvorsprung ist der Zuschauer in der Lage, Hypothesen über den noch unsicheren Ausgang der Handlung zu formulieren und eine konkrete Erwartungshandlung aufzubauen. Das wiederum ist wichtig für den Suspense, der beim Betrachter von *Psycho* ausgelöst und bis zum Schock, der höchsten Form des Thrills, gesteigert werden soll.[37]

---

[36] Vgl. „Angst", Microsoft® Encarta® Enzyklopädie 2000
[37] Vgl. Droese, *Thrill und Suspense in den Filmen A. Hitchcocks* 33/34

Eine Totale zeigt uns Milton Arbogast, der wenige Meter vor der Haustür steht, in der sich ein Fenster befindet aus dem Licht zu sehen ist. Auch ein Zimmer in der ersten Etage ist beleuchtet. Alles andere ist dunkel und es ist kaum etwas zu erkennen. Dadurch wird eine düstere Atmosphäre geschaffen, welches auch die ständige Untersicht auf die Villa betont. Sie wirkt auf uns überlegen und unheimlich. Hitchcock verstärkt diese Angstempfindungen beim Rezipienten durch kurze, leise Geigentöne, die ebenso viele Pausen wie Musikeinsätze aufweisen.

In der folgenden Halbnahen befinden sich die Zuschauer im Gegensatz zu Mr. Arbogast bereits in der Villa. Wir schauen auf die Haustür und sehen, wie der Detektiv diese langsam öffnet und den Korridor betritt. Die Kamera wechselt zu einer subjektiven Totalen auf die Treppe aus Sicht von Milton. Wie ich im Kapitel zuvor bereits erwähnt habe, bewirkt die Subjektive eine Identifizierung mit dieser Person; wir fühlen mit ihr und erleben die Filmhandlung intensiver. Der Blick auf die Stufen lässt den Zuschauer künftiges Unheil vorausahnen, da in Hitchcocks Filmen die Treppe eine „typische Chiffre der Bedrohung" ist.[38] Dieser Suspense evoziert beim Zuschauer den Wunsch, Mr. Arbogast vor seinem drohenden Unheil zu warnen. Der Rezipient rechnet an dieser Stelle bereits mit der Ermordung Miltons, doch dieses wird aufgrund des drohenden Identifikationsverlustes, stets von ihm verdrängt.[39]

Die Einstellung wechselt zu einer Halbnahen von dem Privatdetektiv in der Haustür. Während er diese schließt, setzen aus dem Off statt den zuvor dunklen nun helle Streicher ein. Langgezogene Pausen überwiegen die leisen, kurzen Tonsequenzen. Im folgenden schauen wir in einer Totalen, erneut aus der subjektiven Sicht von Mr. Arbogast, auf den Flur. Die Kamera wechselt nun mehrere Male zwischen der objektiven Halbnahen, die uns Milton im Eingangsbereich zeigt sowie seine Füße auf den ersten zwei Stufen, und der subjektiven Totalen des Detektivs, der auf die Treppe und eine Tür im Erdgeschoss blickt und schließlich die ersten Stufen emporsteigt. Durch diesen Wechsel gelingt es Hitchcock in besonderer Weise, seinem Publikum die Gefühle und Reaktionen der Hauptcharaktere näherzubringen.[40] Bei seiner Montagetechnik sind zwei Blicke erlaubt und zwei verboten: erlaubt sind zum einen die objektive Einstellung einer Person, die sich einem Ort nähert, meist einem „Ding" wie der alten Villa oder dem Zimmer von Normans Mutter, sowie die

---

[38] Droese, *Thrill und Suspense in den Filmen A. Hitchcocks* 63
[39] Vgl. Truffaut, *Mr. Hitchcock wie haben sie das gemacht?* 266 und Zizek, *Ein Triumph des Blicks über das Auge* 226
[40] Vgl. Droese, *Thrill und Suspense in den Filmen A. Hitchcocks* 68

subjektive Sichtweise der Figur auf diesen Gegenstand. Verboten dagegen sind objektive Aufnahmen des „Dings" und subjektive Einstellungen der sich nähernden Person. Gäbe es eine neutrale Aufnahme der Treppe oder der ersten Etage, müsste der Zuschauer eine „radikale Entsublimierung" ertragen. Dem Rezipienten würde bewusst, dass weder die Villa, noch die Treppe oder das obere Stockwerk an sich nichts Unheimliches haben, sondern dass diese Wirkung nur durch unsere psychische Unruhe hervorgerufen wird.[41]

Die nun folgende Halbnahe zeigt uns, wie Mr. Arbogast, der bereits die Hälfte der Treppe emporgestiegen ist, sich weiter lautlos nach oben schleicht. Schwarz und dunkle Grautöne dominieren das Filmbild. Dieses sowie die extrem leisen, hellen Streicher verstärken die angespannte Gefühlslage des Zuschauers, hervorgerufen durch den Suspense des Films. Unsere Vorahnung, dass Milton angegriffen wird, scheint sich zu bestätigen, welches uns mit der nächsten Naheinstellung von dem unteren Teil der Tür von Mrs. Bates Zimmer suggeriert wird. Die Tür öffnet sich langsam, so dass Licht in den Flur dringt. Hier erreicht die Spannung den vorläufigen Höhepunkt. Nachdem wir zuvor den überraschenden Angriff auf Marion unter der Dusche miterlebt haben, rechnen wir nun mit brutalen Wendungen ähnlicher Art. Der Suspense der Erwartung reicht hier aus, um den weiteren Adrenalinausstoß in Gang zu halten. So spielt sich diese Szene weniger auf der Leinwand, sondern vielmehr in unseren Vorstellungen ab.[42] Hitchcocks Ansicht, dass die herzklopfende Erwartung spannender sein kann, als das eigentliche Ausspielen der Spannung, hat sich hiermit bestätigt.

In einer Vogelperspektive, schauen wir nun auf die Treppe und sehen rechts im Bild die Tür von Mrs. Bates Zimmer, die ein wenig geöffnet ist. Mr. Arbogast befindet sich inzwischen auf den letzten Stufen der Treppe. Unsere Vorahnung bestätigt sich endgültig, als eine Person, Mrs. Bates wie es den Anschein hat, aus dem Zimmer stürmt, auf den Detektiv losgeht und ihn mit einem Messer attackiert. Begleitet wird diese Szene von den grellen Staccatotönen eines Streichorchesters, die wir noch von dem Mord Marions unter der Dusche in Erinnerung haben. Wie bereits in der Duschmordszene tritt ein „Fleck" in das Bild und zerstört dem Zuschauer seine Hoffnungen, dass Milton unversehrt aus dieser Situation herauskommt. Eine weitere Parallele zu der Szene, in der Marion ermordet wird, findet in der folgenden „perversen" subjektiven Nahaufnahme von Mr. Arbogasts Gesicht

---

[41] Vgl. Zizek, *Ein Triumph des Blicks über das Auge* 60/61
[42] Vgl. Harris/Lasky, *Alfred Hitchcock und seine Filme* 225/226

statt, die uns die Sichtweise der pathologischen Mörderin aufzwingt.[43] Milton wird an der Stirn verletzt, Blut läuft aus der Wunde über sein Gesicht und er fällt rückwärts die Treppe hinunter. Schließlich landet er mit seinem Rücken auf dem Boden des Erdgeschosses. In einer Halbnahen sehen wir, wie sich „Normans Mutter" dort auf ihn stürzt und die rechte Hand, in der sich ein langes Messer befindet, erhebt. An dieser Stelle werden die hellen Staccatotöne der Geigen durch dunkle, lange Bassklänge abgelöst. Somit erscheint Miltons Schicksal besiegelt. Die dunklen Streicher kündigen bereits seinen kommenden Tod an. Da er auf dem Rücken liegt und die Mörderin ihn mit den Knien zu Boden drückt, ist er wehrlos seinem Schicksal ausgeliefert.

In einer Großaufnahme wird die Aufmerksamkeit der Zuschauer im folgenden auf die Klinge des Messers in der erhobenen rechten Hand von „Normans Mutter" gelenkt. Der Arm holt aus zu einem Einstich und verschwindet schließlich unten im Filmbild, so dass ein direktes Eindringen der Klinge in den Körper von Mr. Arbogast nicht beobachtet werden kann. Doch der Zuschauer füllt diese „Lücke" der Handlung mit seinen eigenen Vorstellungen, damit sich bei dieser Szene ein geschlossener Eindruck einstellt.[44] Unterstützend auf unsere Vorstellungen wirken die Schreie von Mr. Arbogast, die immer dann aus dem Off zu vernehmen sind, wenn das Messer unten im Filmbild verschwindet. Schließlich erscheint die Hand mit dem Messer erneut im Bild, holt aus und gleitet nach unten. Das ganze wiederholt sich noch zweimal und jedes Mal hat der Zuschauer das Gefühl, dass das Messer tatsächlich in Mr. Arbogast einsticht.

Die Szene endet mit einer Überblendung zu Sam und Lila. Hitchcock setzt somit dem Zuschauer zwei neue Identifikationsfiguren vor, da dieser soeben in einem Gefühlsschock seine bisherige verloren hat. Der berühmte britische Regisseur hat uns somit dort, wo er uns haben wollte; er steuert unsere Gefühle, Wahrnehmungen, Sympathien und Antipathien für bestimmte Personen, damit seine beabsichtigten Reaktionen tatsächlich erfüllt werden.

---

[43] Vgl. Zizek, *Ein Triumph des Blicks über das Auge* 256
[44] Vgl. Bullerjahn, *Grundlagen der Wirkung von Filmmusik* 124

5. Zusammenfassung der Ergebnisse

Alfred Hitchcock bewirkt in dem Thriller *Psycho* beim Rezipienten Angst und Schrecken, indem er uns zuerst mit einer Filmperson vertraut macht. Subjektive Kameraeinstellungen sowie viele Großaufnahmen, bringen uns zunächst das Filmgeschehen näher und wir erleben die Handlungen aus der Sichtweise des Protagonisten. Es findet somit eine Identifikation mit dieser Figur statt. Das wiederum ist wichtig, um Emotionen beim Betrachter des Films auszulösen. Während wir eine große Empathie für die Helden aufbauen, gibt Hitchcock uns vorauslaufende Informationen auf deren Bedrohung. Dieser sogenannte Suspense, auf den die ganze Dialektik des Films ausgerichtet ist, ruft beim Rezipienten unbewusst psychische und physische Reaktionen hervor: Der Puls sowie die Atmung beschleunigen sich, die Transpiration der Handflächen wird verstärkt.[45] Wir bangen innerlich um das Wohlergehen unserer Identifikationsfiguren, wenn diese Gewaltangriffen ausgesetzt sind, wie bei dem Angriff auf Marion oder Milton. Doch diese Taten schockieren den Zuschauer nur für wenige Augenblicke; die Furcht und Erwartung davor ängstigen ihn weitaus mehr.[46]

Die Dramatik der Filmhandlung steht in Hitchcocks Psychothriller im Verhältnis zu der Einstellungslänge sowie dem Schnittrhythmus: Kurze Abschnitte, verbunden durch die wahrnehmbare Montage des harten Schnitts, erscheinen im Vergleich zu längeren als besonders betont und erregend. Ein Musterbeispiel hierfür ist die Duschmordszene, die aus über 55 Einstellungen in nur 45 Sekunden besteht.[47]

Ebenfalls erwähnenswert für die Emotionsempfindungen der Rezipienten erscheint mir die Filmmusik von *Psycho*, komponiert von Bernard Hermann. Diese besteht aus nur sechs verschiedenen Motiven.[48] Dabei regt die sogenannte Technik des „Mickeymousing" die Phantasie des Zuschauers an, die Ellipsen der Filmhandlung, wie das Eindringen des Messers in Marion, zu schließen. Des weiteren werden Anspannung und Angstempfindungen des Betrachters durch helle Staccatotöne gesteigert, Schockmomente, wie bei dem eintretenden Tod der Protagonisten, durch lange, dunkle Bässe verstärkt.

---

[45] Verfasser unbek. : „Suspense - Prozeßbegleitende Untersuchung eines „spannenden" Rezeptionsphänomens" *Suspense* 8.3.2002 <http://www.univie.ac.at/lifem/susp2.htm>
[46] Vgl. Harris/Lasky, *Alfred Hitchcock und seine Filme* 227/228
[47] Die Anzahl der Einstellungen ist in der Literatur unterschiedlich; sie schwankt von 7 bis 116. Mehrfach findet sich eine Angabe von ca. 70 Einstellungswechsel. In der Sequenz, die ich in Kapitel 4.1. analysiert habe, kam ich bei mehrfachen Anschauen in Slow-Motion auf lediglich 55 Perspektivwechsel.
[48] Vgl. Rieger, *Alfred Hitchcock und die Musik* 194

6. Literaturverzeichnis

BEIER, Lars-Olav; SEEßLEN, Georg: Alfred Hitchcock. Berlin: Bertz 1999.

BULLERJAHN, Claudia: Grundlagen der Wirkung von Filmmusik. Augsburg: Wißner 2001.

DROESE, Kerstin: Thrill und Suspense in den Werken Alfred Hitchcocks. Coppengrave: Coppi-Verlag 1995.

FRÜNDT, Bodo: Alfred Hitchcock und seine Filme. München: Heyne 1986.

HARRIS, Robert A.; LASKY, Michael S.: Alfred Hitchcock und seine Filme. 1. Aufl.. München: Goldmann 1979.

MONACO, James: Film verstehen. Kunst, Technik, Sprache, Geschichte und Theorie des Films und der Medien. Dt. Erstausg., überarb. und erw. Neuausg.. Reinbek bei Hamburg: Rowohlt 1998.

PHILLIPS, Gene D.: Alfred Hitchcock. London: Columbus 1986.

RIEGER, Eva: Alfred Hitchcock und die Musik. Eine Untersuchung zum Verhältnis von Film, Musik und Geschlecht. Bielefeld: Kleine 1996.

SALJE, Gunther: Hitchcock : Regieanalyse – Regiepraxis. Vorlesungstexte mit Übungsaufgaben zum Drehbuchschreiben. Bassum: Media-Inst. 1996.

SPOTO, Donald: Alfred Hitchcock. Die dunkle Seite des Genies. Hamburg: Kabel 1984.

TRUFFAUT, Francois: Mr. Hitchcock, wie haben Sie das gemacht? . 19. Aufl.. München: Heine 1997.

WOOD, Robin: Hitchcock's films revisited. London: Faber and Faber 1991.

ZIZEK, Slavoj: Ein Triumph des Blicks über das Auge. Psychoanalyse bei Alfred Hitchcock. Wien: Turia & Kant 1993.

Internetquellen:

Verfasser unbek.: „Alfred Hitchcock" *wikipedia* 8.3.2002 <http://www.wikipedia.com/wiki/Alfred+Hitchcock.htm>.

Verfasser unbek.: „Suspense - Prozeßbegleitende Untersuchung eines „spannenden" Rezeptionsphänomens" *Suspense* 8.3.2002 <http://www.univie.ac.at/lifem/susp2.htm>

Elektronische Medien:

Microsoft® Encarta® Enzyklopädie. © 1993-2001 Microsoft Corporation